NEWS

도전! 초등 지식왕

시사 상식을 파고 파고

엠앤키즈 파고파고 시리즈 02

도전! 초등 지식왕
시사 상식을 **파고파고**

초판 1쇄 인쇄 2024년 3월 11일
초판 1쇄 발행 2024년 3월 20일

글 문연정
그림 이정화

펴낸곳 M&K
펴낸이 구모니카
디자인 난나
마케팅 신진섭
등록 제7-292호 2005년 1월 13일
주소 경기도 고양시 일산서구 고양대로 255번길 45, 903동 1503호(대화동, 대화마을)
전화 02-323-4610
팩스 0303-3130-4610
E-mail sjs4948@hanmail.net
Tistory https://mnkids.tistory.com

ISBN 979-11-91527-77-3
　　　979-11-91527-61-2(세트)

※ 값은 뒤표지에 있습니다. 잘못된 책은 바꾸어 드립니다.

엠앤키즈 **파고파고 시리즈 02**

NEWS

도젼! 초등 지식왕

시사 상식을 파고 파고

글 **문연정** | 그림 **이정화**

꼭 알아야 할 어휘 **150개를 한 권**에!

엠앤키즈

차례

경제

- 6차 산업 ★ 12
- 당근 ★ 14
- 주식 ★ 16
- 최저 임금 ★ 18
- 포켓몬 빵 띠부실 ★ 20

사회

- SNS ★ 24
- 가짜 뉴스 ★ 26
- 고령 사회 ★ 28
- 길고양이 ★ 30
- 난민 ★ 32
- 노 키즈 존 ★ 34
- 독도의 날 ★ 36
- 동물권 ★ 38
- 보이스 피싱 ★ 40
- 빅 데이터 ★ 42
- 사이버 범죄 ★ 44
- 식량 위기 ★ 46
- 유니세프 ★ 48
- 일본군 '위안부' ★ 50
- 코로나19 ★ 52
- 팬데믹 ★ 54
- 학교 폭력 ★ 56

문화

K-컬처 ★ 60
가상 인간 ★ 62
비건 ★ 64
스몸비 ★ 66
악플 ★ 68
어휘력 ★ 70
틱톡 ★ 72
해시태그 ★ 74

백신 ★ 94
슈퍼 박테리아 ★ 96
인공 지능 ★ 98
자율 주행 자동차 ★ 100
챗GPT ★ 102

과학

QR 코드 ★ 78
나노 기술 ★ 80
누리호 ★ 82
달 탐사 ★ 84
드론 ★ 86
디지털 포렌식 ★ 88
메타버스 ★ 90
바이러스 ★ 92

환경

그린피스 ★ 106
기후 변화 ★ 108
미세 먼지 ★ 110
미세 플라스틱 ★ 112
지진 ★ 114
탄소 중립 ★ 116
후쿠시마 오염수 ★ 118

찾아보기 ★ 120

경제

- 6차 산업
- 당근
- 주식
- 최저 임금
- 포켓몬 빵 띠부실

6차 산업

경제 01

1차 산업인 농·임·수산업과 2차 산업인 가공 산업, 3차 산업인 서비스업을 하나로 합한 산업

1차 산업은 농사를 짓는 등 자연을 이용해 생산물을 얻는 산업이에요. 우리가 먹는 음식물의 대부분은 1차 산업을 통해 얻어요. 하지만 농사를 짓는 사람들이 줄어들고, 노인 인구가 늘어나면서 농촌의 문제가 심각해졌어요.

이 문제를 해결하기 위해 농촌에 새로운 일자리를 만들고, 농촌 사람들이 다양한 소득을 얻을 수 있는 6차 산업이 새롭게 나타났어요.

6차 산업은 1차 산업인 농·임·수산업과 2차 산업인 제조·가공업, 3차 산업인 유통·서비스업을 연결한 것으로, '농촌 융복합 산업'이라고도 해요.

예를 들어 사과 농사를 짓는 사람이 사과잼이나 애플파이를 가공해 팔거나, 사과 체험 농장을 만들어 체험 활동 서비스를 제공해 소득을 얻는 거지요.

오늘날 농촌에서는 관광, 자연, 음식, 전통문화 등 다양한 체험 마을을 만들어 6차 산업을 발전시키기 위해 노력하고 있답니다.

 ○○군은 생산에만 그치지 않고 가공부터 판매, 관광까지 이어지는 6차 산업을 준비하고 있다.

어휘를 파고파고

4차 산업 3차 산업이 다양해지면서 3차 산업 중 정보, 의류, 교육 등 지식과 관련된 산업을 가리켜요.
5차 산업 3차 산업이 다양해지면서 3차 산업 중 레저, 취미, 패션 산업을 가리켜요.

경제 02
당근

 이웃끼리 중고 물건을 사고팔고 동네 정보를 얻는 플랫폼

혹시 당근이세요?

네! 당근이요.

당근은 '당신의 근처'라는 뜻으로 중고 물건을 사고파는 중고 거래 플랫폼이에요. GPS를 통해 내가 사는 동네를 알려 주면, 가까운 동네 이웃과 물건을 사고팔 수 있어요.

이용 방법은 간단해요. 먼저 사고 싶은 물건을 고른 다음 채팅으로 시간과 장소를 정해요. 그러고 나서 이웃을 만나 물건과 돈을 교환해요. 가까운 동네 이웃끼리 직접 만나기 때문에 믿고 물건을 살 수 있어요.

당근은 내가 사는 동네를 토대로 한 앱이에요. 그래서 중고 물건뿐만 아니라 동네 정보도 빠르게 얻을 수 있어요. 사람들은 아르바이트나 새집을 구할 때, 주민만 아는 맛집이나 치료를 잘하는 병원 등을 찾을 때 당근을 이용해요. 또 잃어버린 강아지를 찾을 때도 당근에 도움을 구하기도 해요.

요즘에는 당근이 이웃과 같이 식사하기, 취미 활동하기 등 모임을 만드는 역할도 하고 있어요.

 당근을 통한 중고 거래는 물론 이웃에게 중고 물건을 무료로 나누어 주는 무료 나눔도 해마다 늘고 있다.

어휘를 파고파고

플랫폼 원래 역에서 기차를 타고 내리는 곳을 말해요. 지금은 의미가 확대되어 여러 사람이 다양한 정보를 활용할 수 있도록 만든 공간을 뜻해요.

GPS 인공위성을 이용해 현재 자신의 위치를 알려 주는 시스템이에요.

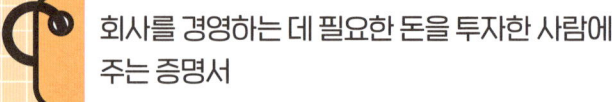

경제 03
주식

회사를 경영하는 데 필요한 돈을 투자한 사람에게 주는 증명서

내 친구가 이번에 주식으로 큰돈을 벌었대.

나도 주식이 많이 올랐어. 대박이야.

힝

나는 완전 망했어······.

회사를 만들려면 아주 큰돈이 필요해요. 그래서 회사를 만드는 데 필요한 돈을 투자할 사람을 모으고, 증거로 주식을 주어요. 이렇게 주식을 만들어 모은 돈으로 차린 회사를 '주식회사'라고 하고, 주식을 가진 사람을 '주주'라고 해요. 주주는 회사의 주인이 되어 주식을 가진 만큼 권리를 가져요.

회사가 경영을 해서 이익이 생기면, 주주들은 주식을 가진 만큼 돈을 벌게 돼요. 반대로 회사에 손해가 생기면, 주주들은 주식을 가진 만큼 돈을 잃게 되지요.

다시 말해 주식으로 돈을 벌 수도 있지만, 돈을 모조리 잃을 수도 있어요. 회사는 주주들이 투자한 돈을 보장해 주지 않기 때문에 주식을 투자할 때는 신중하게 해야 해요.

그렇다면 주식은 어디에서 살까요? 주식은 누구나 주식 시장에서 사고팔 수 있고, 증권 회사는 주식을 사고파는 것을 대신해 준답니다.

 ○○○의 **불법 행위** 소식이 전해지자 하루 만에 △△△△ 주식 가치가 크게 떨어졌다.

어휘를 파고파고

채권 국가, 지방 자치 단체, 은행, 회사 등이 필요한 돈을 구하기 위해 만드는 증명서예요.
펀드 투자 전문가가 여러 사람들에게 모은 돈을 주식 등에 투자해서 이익이 생기면 이익을 나누어 주는 것이에요.

경제 04
최저 임금

근로자가 일하고 받아야 하는 가장 낮은 액수의 돈

임금은 근로자가 일하고 나서 대가로 받는 돈이에요. 그리고 최저 임금은 법으로 정한 가장 낮은 임금이에요. 회사나 가게 주인이 마음대로 근로자에게 돈은 적게 주고, 일은 많이 시키는 것을 막기 위해 만든 제도예요.

근로자는 임금으로 필요한 것을 사고 생활하기 때문에 최소한의 임금을 보호받아야 해요. 만약 근로자가 최저 임금보다 적은 돈을 받으면, 근로자는 고용 노동부에 신고할 수 있어요. 그러면 돈을 적게 준 곳은 처벌을 받아요.

최저 임금은 일하는 사람이 단 1명이라도 근로자가 있는 곳이라면 모두 지켜야 해요. 또 임시로 일하는 사람이나 하루만 일하는 사람, 정해진 시간만 일하는 사람 등도 모두 보호받을 수 있어요.

2024년 최저 임금은 시간당 9,860원이에요. 최저 임금은 매년 최저 임금 위원회가 심사해서 결정해요. 해마다 최저 임금은 조금씩 오르고 있어요.

 최근 편의점이나 문구점 등 무인점포가 늘어나는 원인으로 해마다 오르는 전기료와 최저 임금을 꼽는다.

어휘를 파고파고

비정규직 정식으로 들어가 직장을 보장받는 정규직과 다르게, 임금이나 근로 기간 등을 보장받지 못하는 일이에요. 계약직, 임시직, 일용직 등이 있어요.
열정 페이 일하고 싶은 사람에게 열정을 요구하면서 임금을 제대로 주지 않는 것이에요.

경제 05
포켓몬 빵 띠부실

빵에 들어 있는 포켓몬 캐릭터 스티커

드디어 샀다!
이제 607개만 더 모으면 돼.

공부를 그렇게 하면…….

포켓몬 애니메이션을 주제로 한 빵이 큰 인기를 끌었어요. 이유는 바로 포켓몬 빵에 들어 있는 띠부실 때문이에요. 띠부실은 '띠고 부치는 실'의 줄임말로, 떼었다 붙였다 하는 스티커예요.

포켓몬 빵이 엄청난 인기를 끌면서 편의점에 빵이 품절되는 일이 자주 일어났어요. 또 빵을 구하기 위해 아침 일찍 대형 마트 앞에 줄을 섰다가, 문이 열리면 뛰어들어가는 모습도 볼 수 있었어요.

포켓몬 빵 띠부실은 종류가 수백 가지나 돼요. 그중 몇 가지는 일부러 적게 만들어서 구하기 어려워요. 그래서 인기 있는 캐릭터 띠부실이나 구하기 힘든 띠부실은 중고 시장에서 비싸게 팔려요. 심지어 띠부실만 가지고 빵은 버리는 일도 벌어졌지요.

포켓몬 빵은 어린이뿐만 아니라 어른들 사이에서도 유행했어요. 어릴 때 추억을 떠올리며 빵을 사고, 취미로 띠부실을 모으는 어른들도 많이 있답니다.

 포켓몬 빵은 다시 나오자마자 2030세대 중심으로 띠부실 수집 열풍을 몰고 왔다.

어휘를 파고파고

품절 물건이 다 팔리고 없는 것이에요. 한때 편의점에 포켓몬 빵이 품절되는 일이 자주 있었어요.
희소성 사람들이 갖고 싶은 마음에 비해 물건이 부족한 상태예요. 희소성이 높으면 물건값이 비싸져요.

사회

SNS
가짜 뉴스
고령 사회
길고양이
난민
노 키즈 존
독도의 날
동물권
보이스 피싱

빅 데이터
사이버 범죄
식량 위기
유니세프
일본군 '위안부'
코로나19
팬데믹
학교 폭력

사회 01
SNS

온라인에서 사람들 사이에 새로운 관계를 맺게 해 주는 서비스

SNS는 Social Network Service의 줄임말로 '누리 소통망 서비스' 또는 '사회 관계망 서비스'라고도 해요. 대표적으로 유튜브, 인스타그램, 카카오톡, 트위터, 페이스북 등이 있어요.

　사람들은 SNS를 통해 직접 만나지 않아도 서로 소식과 정보를 주고받아요. 카카오톡으로 대화를 나누고, SNS에 올린 글이나 사진에 댓글을 달며 더 친하게 지내지요. 또 외국인은 물론 한 번도 본 적 없는 사람과도 친구가 되어 이야기해요. 연예인이나 정치인 등 유명한 사람과도 SNS를 통해 연결될 수도 있어요.

　이처럼 SNS는 사람들 사이의 관계를 유지하고 더 넓히는 역할을 해요. 하지만 개인 정보가 알려지거나, 유명한 사람이라고 속이고 가짜 SNS를 만들어 활동하는 등 문제점도 있어요. 또 SNS에서 다른 사람과 비교하거나, 다른 사람을 괴롭히는 일은 심각한 사회 문제예요.

 배우 ○○○은 자신의 SNS에 독립운동가 사진을 올렸다가 일본 누리꾼들로부터 댓글 공격을 받았다.

어휘를 파고파고

인맥 사람들 사이의 친한 관계예요. SNS를 통해 새로운 인맥을 만들 수 있어요.
신상 털기 인터넷과 SNS 검색으로 어떤 사람에 대한 정보를 찾아내, 인터넷에 퍼뜨리는 일이에요. 개인에 대한 정보가 알려지면 그 사람은 큰 피해를 입어요.

사회 02
가짜 뉴스

뉴스처럼 보이지만 사실이 아닌 거짓 정보

이걸 믿어 말어?

정말? 친구들한테 말해 줘야겠다.

진짜야? 말도 안 돼!

ㅋㅋㅋ

거짓 정보를 진짜 뉴스처럼 만든 것이에요. 우리가 아는 뉴스 형식을 하고 있어서 진짜 뉴스처럼 보이지요. 지금도 인터넷과 SNS에는 가짜 뉴스가 올라와 사람들을 혼란스럽게 만들고 있어요.

가짜 뉴스를 만드는 이유는 돈 때문이에요. 사람들이 많이 볼수록 가짜 뉴스를 만든 사람은 많은 돈을 벌어요. 그래서 사람들의 관심을 끌기 위해 자극적인 내용으로, 확인되지 않은 가짜 뉴스를 마구 만드는 거예요.

최근에는 인공 지능으로 더 진짜 같은 가짜 뉴스를 만들어요. 인공 지능이 사람의 얼굴을 합성하거나, 가짜 이미지를 만들어 진짜 사진을 찍은 것처럼 내보내고 있어요.

가짜 뉴스를 가려내려면 출처가 어디인지, 근거는 무엇인지, 다른 뉴스에도 나왔는지 살펴봐야 해요. 의심이 들 때는 인터넷에 한 번만 검색해도 진짜 뉴스인지 가짜 뉴스인지 바로 알 수 있답니다.

국회 위원 선거를 앞두고 넘쳐 나는 가짜 뉴스를 막기 위해 선거 관리 위원회는 강력하게 대응하기로 했다.

어휘를 파고파고

유포 세상에 널리 퍼지는 것이에요. 가짜 뉴스로 거짓 정보가 빠르게 유포되고 있어요.
출처 사물이나 말 등이 생기거나 나온 곳이에요. 뉴스를 볼 때 믿을 만한 출처인지 살펴봐야 해요.

사회 03
고령 사회
전체 인구에서 65세 이상이 14%가 넘는 사회

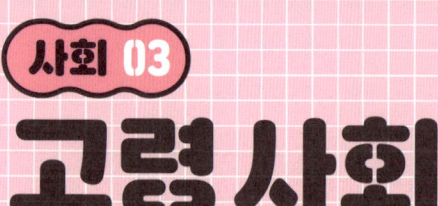

부담
부담

응애응애…….

65세가 넘으면 노인으로 구분해요. 전체 인구에서 노인 인구가 7%가 넘으면 고령화 사회, 14%가 넘으면 고령 사회, 20%가 넘으면 초고령 사회라고 해요.

2024년 우리나라 인구는 약 5,175만 명으로, 그중 65세 이상은 약 994만 명이에요. 노인 인구가 19%가 넘는 거지요. 머지않아 노인 인구가 20%가 넘는 초고령 사회가 될 거라고 해요.

노인 인구가 늘어난 이유는 의학이 발달해 수명이 늘어났기 때문이에요. 반면 태어나는 아기는 줄어들어 노인의 비율이 빠르게 높아지고 있어요.

고령 사회에서는 일을 할 수 있는 사람이 줄어들기 때문에 경제가 어려워질 수 있어요. 또 일하는 사람이 내야 하는 세금이 늘어나 부담이 커져요.

고령 사회가 되면서 노인들도 어려움을 겪고 있어요. 일을 하지 못해 돈을 벌 수 없고, 몸이 아파서 병원비가 많이 들어요. 이런 문제를 해결하기 위해 노인 일자리를 만들고, 노인 복지 시설을 늘리고 있어요.

 ○○시는 어르신들의 소득과 사회 참여 기회를 제공하기 위해 노인 일자리 사업을 확대한다.

어휘를 파고파고

저출산 아이를 적게 낳는 것이에요. 우리나라는 저출산 문제가 심각해요.
인구 절벽 일을 할 수 있는 15~64세의 사람들이 빠르게 줄어드는 현상이에요. 우리나라는 저출산과 고령화로 인구 절벽 위기를 맞을 수 있다고 해요.

사회 04
길고양이

길에 사는 주인이 없는 고양이

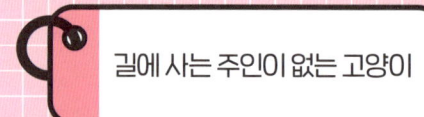

반려동물을 키우는 사람이 늘어나면서, 길에 버려지는 개와 고양이가 늘고 있어요. 그런데 길에 사는 길고양이는 더 문제가 되고 있어요.

고양이는 1년에 2~4번 새끼를 낳을 수 있고, 한 번에 3~5마리의 새끼를 낳을 수 있어요. 고양이를 그대로 두면 1~2마리의 고양이가 1년 후에는 수십 마리로 늘어날 수 있어요. 또 밤에 이상한 울음소리를 내고, 음식물 쓰레기 봉투를 뜯어서 고양이를 싫어하는 사람도 있어요. 그래서 길고양이를 돌보는 사람과 고양이를 싫어하는 사람 사이에 갈등도 늘고 있어요.

문제는 이뿐만이 아니에요. 우리나라 남쪽 끝에 있는 마라도에서는 길고양이들이 멸종 위기의 새를 사냥해, 생태계를 위험하게 만들었어요. 다른 섬에서도 갑자기 늘어난 길고양이 때문에 골치를 앓고 있지요.

전국에는 약 100만 마리가 넘는 길고양이가 있어요. 길고양이가 늘어나지 않도록 중성화 수술을 하고, 급식소를 만드는 등 길고양이와 사람이 함께 살 수 있는 방법을 찾아야 해요.

 ○○시는 동물과 함께 살아가는 문화를 만들기 위해 길고양이 공공 급식소를 3개에서 50개로 늘리기로 했다.

어휘를 파고파고

유기 내다 버리는 것이에요. 주인이 내다 버린 유기견과 유기묘가 늘고 있어요.
중성화 수술 새끼를 낳지 못하도록 하는 수술이에요. 길고양이의 수를 조절하기 위해 길고양이를 잡아 중성화 수술을 한 뒤, 원래 살던 곳으로 돌려보내고 있어요.

사회 05
난민

전쟁이나 재난을 당해 다른 나라로 가는 사람들

전쟁이나 재난으로 어려움에 처한 사람들이에요. 그리고 인종, 종교, 정치 등으로 괴롭힘을 당해 다른 나라로 가는 사람들도 있어요.

전 세계 난민의 수는 1억 1,400만 명이 넘는다고 해요. 최근 들어 난민의 수가 크게 늘어났는데, 그 이유는 바로 세계 곳곳에서 일어나는 전쟁 때문이에요.

우크라이나와 러시아 전쟁으로 난민이 늘어났고, 시리아, 수단, 콩고 민주 공화국, 미얀마 등에서도 내전으로 사람들이 고향을 떠났어요. 또 기후 위기로 살던 곳을 떠나는 사람들도 늘고 있어요.

난민들의 생활은 매우 어려워요. 제대로 된 식사를 할 수 없고, 아파도 치료를 받을 수 없어요. 다른 나라로 가는 길이 너무 위험해서 가는 도중에 많은 사람들이 목숨을 잃기도 해요. 난민 문제는 전 세계가 힘을 모아야 해요. 세계 여러 나라와 유엔난민기구(UNHCR)는 난민들을 돕고, 난민 문제를 해결하기 위해 노력하고 있어요.

 인도네시아로 향하던 배가 가라앉으면서 약 200명의 로힝야족 난민이 목숨을 잃거나 실종되었다.

어휘를 파고파고

피난 재난을 피해 멀리 옮겨 가는 것이에요.
난민법 우리나라가 난민을 받아들이고 보호하기 위해 만든 법이에요. 난민으로 인정받으면, 생활, 교육, 직업 훈련 등을 지원받을 수 있어요.

사회 06
노 키즈 존
No Kids Zone

어린이는 들어오지 못하게 하는 곳

말 그대로 어린이가 들어갈 수 없는 곳이에요. 주로 음식점이나 카페 등에 노 키즈 존 표시가 붙어 있어요. 들어갈 수 없는 어린이의 나이는 5세 미만, 12세 미만 등 가게마다 달라요.

노 키즈 존은 가게 주인이 결정할 수 있어요. 노 키즈 존을 하는 이유는 아이들이 가게를 더럽히고, 큰 소리로 울거나 뛰어서 다른 손님에게 피해를 주기 때문이라고 해요. 또 어린이 안전사고를 막을 수 있기 때문이라고도 해요.

노 키즈 존을 두고 찬성과 반대가 팽팽해요. 찬성하는 사람들은 노 키즈 존은 조용하고 편안한 시간을 보내고 싶은 손님에 대한 배려이고, 가게 주인의 자유라고 말해요. 반대하는 사람들은 노 키즈 존은 어린이와 함께 온 손님에 대한 차별이고, 어린이에 대한 차별이라고 말해요.

노 키즈 존이 늘어나면서 손님을 차별하는 노 ○○ 존도 생겨나기 시작했어요. 60세 이상의 어르신을 받지 않는 노 시니어 존, 중고등학생을 받지 않는 노 유스 존 등 사회에 노 ○○ 존 문화가 퍼지고 있어요.

 노 키즈 존과 달리 어린이가 들어갈 수 있는 예스 키즈 존을 늘리기 위해 여러 도시가 지원에 나서고 있다.

어휘를 파고파고

배려 도와주거나 보살펴 주려고 마음을 쓰는 것이에요.
차별 둘 이상의 대상에 차이를 두어서 구별하는 것이에요. 노 ○○ 존으로 일부 손님을 막는 것은 사회적 차별이 될 수 있어요.

사회 07
독도의 날

독도가 대한민국의 땅임을 알리기 위해 만든 날

독도는 우리나라 가장 동쪽에 있는 섬으로, 주소는 경상북도 울릉군 울릉읍 독도리 1~96번지예요.

10월 25일은 독도의 날이에요. 1900년 10월 25일 대한 제국의 고종 황제는 칙령 제41호에 울릉도와 독도가 우리나라 땅이라고 밝혔어요. 그래서 이 날을 기념해 민간단체인 독도수호대가 독도의 날을 만들었어요.

독도의 날을 만든 이유는 일본이 지금도 독도를 일본 땅이라고 우기기 때문이에요. 독도는 신라 시대부터 우리 땅이었어요. 우리나라 옛 기록과 지도에는 독도가 우리 땅이라고 분명하게 나와 있어요. 또 옛날 일본과 서양 지도에도 독도를 우리나라 땅으로 보고 있어요. 그런데도 일본은 욕심을 버리지 못하고 있어요.

우리나라와 여러 단체는 독도를 지키기 위해 노력하고 있어요. 그리고 전 세계에 독도가 대한민국의 영토라는 것을 알리기 위해 해마다 독도의 날을 기념하고 있답니다.

NEWS 독도의 날을 맞아 아이돌 가수의 무대에 '독도는 우리 땅' 노래를 입혀 SNS에 올리는 독도 챌린지가 이루어졌다.

어휘를 파고파고

울릉도 동해에 있는 섬으로, 독도가 속해 있어요. 독도는 울릉도에서 87.4km 떨어져 있고, 날씨가 맑은 날이면 울릉도에서 독도가 보여요.
영토 나라를 다스리는 힘이 미치는 땅의 범위예요.

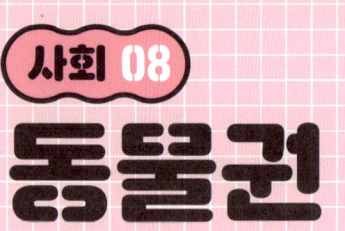

사회 08
동물권

동물에게 주어지는 기본적인 권리

사람에게 사람답게 살 권리가 있는 것처럼 동물도 사람처럼 소중한 생명을 가지고 있고, 고통받거나 학대당하지 않을 권리가 있어요. 하지만 많은 동물들이 사람의 욕심 때문에 권리를 빼앗긴 채 고통받고 있어요.

공장에 사는 돼지나 닭은 제대로 움직이지 못할 만큼 좁은 우리에 갇혀 지내요. 좁은 곳에서 스트레스를 받으면 동물은 서로 물어뜯어요. 그래서 돼지의 이빨을 뽑고 꼬리를 자르고, 닭의 부리를 잘라요.

동물원에 사는 동물들도 어려움을 겪어요. 물개, 돌고래, 원숭이, 코끼리 등은 재미를 위해 동물 쇼를 하며, 큰 스트레스와 상처를 받아요. 그리고 실험실에 있는 동물들은 사람의 안전을 위해 희생되고 있지요.

동물도 사람과 똑같이 감정이 있고 고통을 느껴요. 동물권을 주장하는 사람들은 동물을 아프게 하고, 괴롭히고, 함부로 죽이는 것을 반대해요. 그리고 동물이 가진 습성대로 알맞은 환경에서 행복하게 살아야 한다고 말해요.

 동물권에 대한 목소리가 높아지면서 칠레와 아르헨티나 등 일부 국가에서는 투우를 금지했다.

어휘를 파고파고

동물 실험 새로운 약이나 치료, 화장품 개발을 위해 개, 토끼, 쥐 등 동물을 대상으로 하는 실험이에요. 우리나라에서는 1년 동안 약 500만 마리의 동물들이 실험으로 희생되었어요.
습성 동물이 가진 특별한 생활이나 행동을 말해요.

사회 09
보이스 피싱
Voice Phishing

전화로 사람을 속여 돈이나 개인 정보를 빼내는 일

검찰입니다. 당신의 통장은 범죄와 관련이 있습니다. 통장에 있는 돈을 지금 부르는 계좌 번호로 보내세요.

국제 전화번호인데? 그리고 검찰에서 이런 전화를 할 리 없어. 수상해.

피싱(Phishing)은 개인 정보(private data)와 낚시(fishing)를 합한 말로, 개인 정보를 낚는다는 뜻이에요. 그리고 보이스 피싱은 전화를 통해 개인 정보를 알아내 범죄에 이용하는 전화 금융 사기를 말해요.

해마다 보이스 피싱 피해가 꾸준히 늘고 있어요. 또 방법도 전문적으로 바뀌고 있지요. 신용 카드 사용 문자를 보내고 전화를 거는 사람의 개인 정보를 빼내는 방법, 가족이나 친구가 보낸 것처럼 문자를 보내 개인 정보를 빼내는 방법, 택배 문자를 보내고 가짜 인터넷 주소를 눌러 개인 정보를 빼내는 방법, 은행이나 경찰, 검찰 등으로 속여 돈을 빼앗는 방법, 가족을 납치했다며 돈을 요구하는 방법 등 다양해요.

누군가 전화로 개인 정보나 계좌 번호, 비밀번호 등을 물어보면 절대로 대답하면 안 돼요. 또 의심되는 문자를 받았을 때 문자에 있는 인터넷 주소를 절대로 누르면 안 돼요. 만약 보이스 피싱을 당했다면, 곧바로 경찰청 112에 신고해야 해요.

은행원 ○○○ 씨는 고객이 보이스 피싱범에게 속아 큰돈을 찾는 것을 보고 112에 신고해 피해를 막았다.

어휘를 파고파고

스미싱 문자 메시지와 피싱을 합한 말이에요. 가짜 인터넷 주소가 있는 문자 메시지를 보내서 연결되면, 개인 정보나 돈을 몰래 빼 가요.
금융 정보 계좌 번호, 통장 비밀번호, 신용 카드 번호 등 금융 거래를 할 때 필요한 정보예요.

사회 10

빅 데이터
Big Data

> 엄청난 양의 데이터가 빠른 속도로 쌓인 것

여기 붙어라! 모두 모여라!

인터넷에서 검색한 단어, 메신저로 한 대화, 내가 본 동영상, SNS에 올린 사진, CCTV에 찍힌 모습, 내 주변의 위치 정보, 지하철을 탈 때 찍은 교통 카드 기록 등은 모두 내가 만든 데이터예요.

나도 모르게 지금도 데이터가 계속 만들어지고 있어요. 이렇게 만들어진 엄청난 양의 데이터가 빠른 속도로 쌓이는데, 이것을 '빅 데이터'라고 해요.

어떤 사람의 데이터를 살펴보면 그 사람이 좋아하는 것, 자주 사는 것, 필요한 것 등을 알 수 있어요. 여러 사람의 데이터를 모아서 분석하면, 사람들의 공통된 관심, 취미, 생각 등을 알 수 있지요. 이때 모인 데이터가 많을수록 더 정확한 결과를 얻을 수 있어요.

그래서 정부와 기업 등은 빅 데이터를 모으기 위해 노력해요. 정부는 버스 운행이나 범죄 예방 등 정책을 만들 때 빅 데이터를 활용해요. 기업은 좋아하는 상품을 추천하거나, 인기 있는 상품을 만드는 데 빅 데이터를 활용한답니다.

 범죄 예방을 위해 ○○군은 주민들의 요청과 빅 데이터 분석을 통해 CCTV 설치 지역을 정했다.

> **어휘를 파고파고**
> **CCTV** 어떤 건물이나 장소에 설치한 TV예요. 교통, 공장, 산업, 범죄 예방 등에 사용해요.
> **알고리즘** 어떤 문제를 해결하기 위한 절차나 방법을 뜻해요. 지금은 빅 데이터를 분석해서 내가 좋아할 만한 영상이나 상품을 추천해 주는 것을 말해요.

사회 11
사이버 범죄

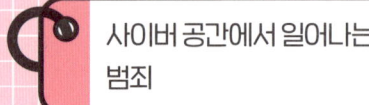
사이버 공간에서 일어나는 범죄

훗! 어디 내 실력 좀 봐라.

인터넷이 만든 공간을 '사이버 공간'이라고 해요. 인터넷이 발달하면서 사이버 공간은 중요한 역할을 하게 되었어요. 그런데 날이 갈수록 사이버 공간에서 범죄가 늘고 있어요.

사이버 범죄에는 여러 가지가 있어요. 인터넷 사이트를 해킹 하는 일, 컴퓨터 프로그램을 파괴하는 바이러스를 퍼뜨리는 일, 사실이 아닌 거짓을 올리는 일, 다른 사람에 대해 나쁜 말을 하는 일, 다른 사람을 속여 돈을 빼앗는 일, 허락 없이 다른 사람의 작품을 사용하는 일 등이에요.

사이버 범죄는 한 번 일어나면 많은 사람들이 피해를 입어요. 또 사이버 공간에서 일어나기 때문에 전 세계 어디서나 범죄를 저지를 수 있고, 범인을 붙잡기 어려워요.

사이버 공간에도 법이 있어요. 얼굴이 보이지 않는다고 다른 사람을 속이거나 욕을 하는 것은 범죄예요. 그러니 사이버 공간에서도 다른 사람을 존중하고 예의를 지켜야 한답니다.

 경찰은 마약, 금융 사기, 사이버 범죄 등 국경을 넘는 범죄에 대응하기 위해 인터폴과 힘을 모으기로 했다.

어휘를 파고파고

스팸 메일 여러 사람에게 한꺼번에 보내는 광고 메일이에요.
해킹 다른 사람의 컴퓨터에 몰래 들어가서, 프로그램을 망가뜨리거나 없애는 일이에요. 이때 해킹을 해서 피해를 주는 사람을 '해커'라고 해요.

식량위기

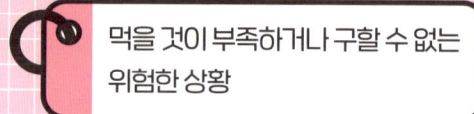

먹을 것이 부족하거나 구할 수 없는 위험한 상황

식량은 사람이 살아가는 데 필요한 먹을거리예요. 그런데 식량이 부족해지는 위기가 닥쳤어요.

식량 위기의 가장 큰 원인은 기후 변화예요. 폭염으로 곡식이 타 버리거나 가뭄으로 곡식이 말라 죽으면서 밀, 옥수수, 콩 등 곡식 생산량이 줄어들었어요.

전쟁도 식량 위기의 원인 중 하나예요. 우크라이나는 '유럽의 빵 바구니'라고 불릴 만큼 밀이 많이 나는 나라였어요. 하지만 러시아와의 전쟁으로 밀을 수출하지 못하면서, 전 세계의 곡식 가격이 크게 올랐어요.

기후 변화와 전쟁, 코로나19 등으로 식량 가격이 오르면서 많은 나라들이 식량 위기에 처했어요. 우리나라처럼 식량 대부분을 수입하는 나라는 기후 변화나 전쟁이 일어나면 식량 위기를 겪을 수도 있어요. 그래서 농업 기술을 발전시키고, 기후 변화에도 잘 자라는 식물을 개발하는 등 여러 가지 노력을 해야 해요.

 한국 역시 남미 국가에서 식량을 많이 수입하는 만큼 아마손 열대 우림이 파괴되면 식량 위기를 겪을 수 있다.

어휘를 파고파고

기아 먹을 것이 없어 굶주리는 것이에요. 전 세계 인구의 약 10%가 기아로 고통받고 있어요.
식량 무기화 식량을 무기처럼 사용하는 것이에요. 식량 위기가 계속되면 식량을 수출하는 나라는 식량을 무기로 큰 이익을 얻거나, 다른 나라를 마음대로 할 수 있어요.

사회 13
유니세프
UNICEF

가난하고 어려운 나라의 어린이를 보호하는 기구

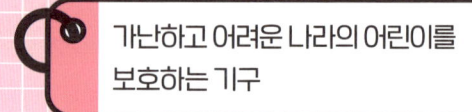

국제 연합(UN)에는 하는 일에 따라 여러 가지 기구들이 있어요. 그중 유니세프는 전 세계의 가난하고 어려운 나라의 어린이를 돕기 위해 만든 기구로, 정식 이름은 '국제 연합 아동 기금'이에요. 1946년에 만들어진 뒤부터 나라, 인종, 종교 등에 차별 없이 고통받는 어린이들을 위해 일하고 있어요.

유니세프는 전쟁이나 자연재해로 위험에 처한 아이들을 보호하고, 굶주린 아이들에게 먹을 것을 나누어 주어요. 또 질병이나 감염병에 걸리지 않도록 예방 주사를 놔 주고, 학교를 세워 주어요.

유니세프에 따르면 하루에 800여 명의 어린이가 더러운 물 때문에 생명을 잃는다고 해요. 아이들은 깨끗한 물을 구하기 위해 먼 곳까지 걸어 다녀요.

그래서 유니세프는 물을 깨끗하게 만드는 약품을 주거나, 깨끗한 물을 끌어오는 시설을 만드는 일도 하고 있어요. 깨끗한 물 덕분에 아이들은 질병에 걸리지 않고, 물을 길으러 가는 대신에 학교에 갈 수 있게 되었어요.

📰 유니세프가 가나, 케냐, 말라위에서 접종 캠페인을 벌인 결과 어린이 사망률이 13% 낮아졌다.

어휘를 파고파고

국제 연합(UN) 제2차 세계 대전 이후 전쟁을 막고 평화를 유지하기 위해 만든 국제기구예요.
유네스코(UNESCO) 국제 연합의 전문 기구로, 교육, 과학, 문화 교류를 위해 만들었어요. 보호해야 할 세계 유산을 정하고 관리하는 일을 해요.

사회 14
일본군 '위안부'

일본군이 강제로 끌고 간 여성들

일제 강점기에 일본군에게 끌려가 끔찍한 생활을 했던 여성들이에요. 일본은 전쟁을 하면서 위안소를 설치하고, 우리나라와 중국, 동남아시아 등의 여성들을 전쟁터로 끌고 갔어요. 여성들에게 일자리를 준다고 속이거나 강제로 끌고 갔는데, 그중에는 우리나라 사람들이 가장 많았어요.

　일본군 '위안부'는 매일 수십 명의 군인들을 만나며 고통을 겪었어요. 전쟁이 끝나자 일본은 자신의 잘못이 드러날까 봐 '위안부'를 죽이고, 문서도 없애 버렸어요. 겨우 살아남은 사람들은 평생 부끄러움과 고통 속에 살았어요.

　일본군 '위안부' 피해자들은 일본 정부에 진심으로 사과하고, 적절하게 보상하라고 요구해요. 하지만 일본은 아직도 제대로 된 사과나 보상을 하지 않고 있어요. 반성하지 않는 일본 때문에 '위안부' 할머니들은 상처를 받고 있지요. 이 문제를 해결하기 위해 수요일마다 일본 대사관 앞에서 수요 시위가 열리고 있어요.

> ○○○○○ 학생들의 기부금은 일본군 '위안부' 피해자이자 인권·평화 운동가인 △△△ 할머니를 기리는 공원을 만드는 데 쓰일 예정이다.

어휘를 파고파고

강제 동원 동원은 어떤 목적을 이루기 위해 사람을 모으는 것이에요. 일본은 어린 학생들을 강제로 끌고 갔고, 우리나라 사람들을 광산과 공장으로 보내 힘든 일을 시켰어요.

평화의 소녀상 일본군에 강제로 끌려간 어린 소녀 동상이에요. 일본군 '위안부' 문제를 알리기 위해 세웠어요.

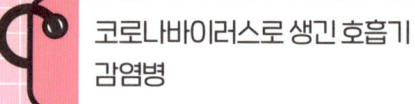

코로나바이러스로 생긴 호흡기 감염병

새로운 코로나바이러스로 생긴 호흡기 감염병으로, 2019년 중국에서 처음 발견되었어요. 코로나19와 독감은 모두 호흡기 감염병이지만 바이러스가 달라요.

코로나19는 감염된 사람의 침방울이 눈, 코, 입으로 들어갈 때 감염이 돼요. 코로나19에 감염되고 약 2~14일이 지나면 열이 나고 기침을 해요. 또 숨쉬기가 어렵거나, 근육이 아프고 설사를 하기도 하지요. 아무 증상이 없는 사람도 있지만 심하면 목숨을 잃기도 해요.

코로나바이러스는 알파, 베타, 델타, 오미크론 등 변이를 일으키며 빠르게 전파되었어요. 2023년까지 약 7억 7,000만 명이 넘는 사람들이 코로나19에 감염되었고, 약 700만 명이 목숨을 잃었어요.

세계 보건 기구(WHO)는 코로나19가 끝났다고 발표했지만 지금도 코로나19 감염은 계속되고 있어요. 코로나19를 예방하려면 손을 자주 씻고, 병원이나 사람이 많은 곳에 갈 때는 마스크를 써야 해요.

 ○○군은 65세 이상의 노인과 면역력이 약한 사람에게 코로나19 예방 접종을 할 것을 특별히 부탁했다.

어휘를 파고파고

변이 같은 종류의 생물에서 다른 특징이 나타나는 것이에요. 바이러스는 쉽게 변이를 만들어요.

비대면 얼굴을 마주 보고 대하지 않는 것이에요. 코로나19로 수업, 회의, 진료, 행사, 은행 업무 등 비대면으로 하는 일이 늘어났어요.

사회 16
팬데믹
pandemic

전 세계에 감염병이 크게 유행하는 상태

팬데믹을 선언합니다. 세계적 대유행입니다.

감염병이 세계적으로 유행하는 것이에요. 그리스어로 모두를 뜻하는 팬(pan)과 사람을 뜻하는 데믹(demic)을 합한 말로, 감염병이 모든 사람에게 퍼진다는 의미를 갖고 있어요.

세계 보건 기구(WHO)는 감염병이 발생하면 위험한 정도에 따라 6단계로 나누어요. 1단계는 동물 사이에 감염이 일어난 상태, 2단계는 동물에서 사람으로 감염된 상태, 3단계는 사람 사이에 감염이 늘어난 상태, 4단계는 사람 사이에 감염이 빠르게 일어나 세계적 유행이 될 수 있는 초기 상태, 5단계는 감염병이 2개 나라에서 유행하는 상태, 마지막 6단계는 감염병이 다른 대륙으로 번져 2개 이상의 대륙에 퍼져 있는 상태예요.

팬데믹이 발표되면 모든 나라는 감염병이 더 퍼지지 않도록 노력해야 해요. 세계 보건 기구는 지금까지 세 번 팬데믹을 발표했어요. 1968년 홍콩 독감, 2009년 신종 플루 그리고 2020년 코로나19예요. 그중 코로나19로 가장 많은 사람들이 목숨을 잃었어요.

지난해 물류 창고가 5,000개를 넘은 것으로 나타났다. 코로나19 팬데믹을 기치면서 온라인 쇼핑이 크게 성장했기 때문이다.

어휘를 파고파고

엔데믹 정해진 지역에서만 발생하거나, 풍토병으로 굳어진 감염병이에요. 세계 여러 나라는 코로나19 엔데믹을 선언하고 일상으로 회복했어요.

신종 플루 2009년 세계적으로 크게 유행한 독감으로, 약 2만 명 가까이 목숨을 잃었어요.

학교 폭력

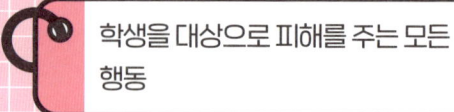

학생을 대상으로 피해를 주는 모든 행동

학교 폭력은 학생을 대상으로 괴롭히는 행동이에요. '폭력'이라고 하면 신체 폭력을 떠올리지만, 언어 폭력이나 따돌림, 사이버 폭력 등 몸과 마음, 재산에 피해를 주는 모든 행동이 다 학교 폭력이에요. 또 학교 밖이라도 괴롭힘을 당한 사람이 학생이면 학교 폭력이에요.

장난과 괴롭힘은 달라요. 하기 싫은 일을 강제로 시키는 것, 일부러 넘어뜨리는 것, 발을 걸거나 갑자기 미는 것, 손으로 툭툭 때리는 것, 외모를 흉내 내는 것, 가족을 욕하는 것, 약점으로 놀리는 것 등 친구가 싫어하고 괴로워하면, 괴롭힘이고 학교 폭력이 될 수 있어요. 그러니 친구가 싫어하면 장난을 바로 멈춰야 해요.

만약 학교 폭력을 당했다면 반드시 싫다고 말하고, 부모님이나 선생님께 알려요. 그리고 학교 폭력을 보았다면 꼭 어른에게 도움을 받아요. 학교 폭력은 당한 사람에게 큰 고통을 주기 때문에 절대로 학교 폭력이 일어나지 않도록 함께 노력해야 해요.

 연예인 ○○○은 SNS를 통해 학교 폭력 가해자로 지목되었다. ○○○은 잘못을 인정하지 않다가 결국 활동을 중단했다.

어휘를 파고파고

모욕 깔보고 욕되게 하는 것이에요.
사이버 따돌림 온라인에서 단체로 괴롭히는 행동이에요. 인터넷에 나쁜 말을 퍼뜨리거나, 단체 대화방에 계속 초대해서 괴롭히는 것 등이에요.

문화

K-컬처
가상 인간
비건
스몸비

악플
어휘력
틱톡
해시태그

문화 01

K-컬처
K-Culture

세계에서 인기를 끌고 있는 한국의 문화

해외에서 한국의 문화가 인기를 끌면서 K-컬처 열풍이 불고 있어요. 1990년대 후반 K-드라마가 한류 열풍을 일으켰고, 이어서 K-POP이 전 세계에서 큰 사랑을 받았어요. 이후 음악과 드라마뿐만 아니라 영화, 음식, 게임, 만화, 패션 등 다양한 분야에서도 K-컬처 열풍이 일어났어요.

K-컬처의 영향으로 자연스럽게 한국어를 배우는 외국인이 늘고 있어요. 또 한국 문화를 직접 경험하기 위해 우리나라를 찾는 외국인도 늘어났지요.

특히 한식에 대한 관심이 높아져, 해외에서 치킨이나 삼겹살을 즐기는 외국인을 볼 수 있어요. SNS에 외국인이 떡볶이, 잡채, 갈비찜 등 다양한 한식을 만들어 먹는 영상도 쉽게 볼 수 있지요. 심지어 외국에서 김치나 된장을 직접 담가 먹는 사람도 생겨났어요.

이처럼 K-컬처는 수출을 해서 많은 돈을 벌어들이기도 하지만, 한국의 문화를 세계에 알리는 중요한 역할을 하고 있답니다.

 K-컬처의 영향으로 김밥이 전 세계인들에게 친숙한 음식이 되고 있다. 최근 미국에서는 냉동 김밥이 폭발적인 인기를 끌며 품절되기도 했다.

어휘를 파고파고

열풍 매우 세차게 일어나는 기운이나 기세를 말해요.
K-POP 세계에서 인기를 얻고 있는 한국의 대중음악으로, 대부분 아이돌 중심의 댄스 음악을 가리켜요. 멋진 외모와 뛰어난 댄스 실력, 화려한 패션 등으로 뜨거운 사랑을 받고 있어요.

문화 02
가상 인간

 인공 지능과 컴퓨터 그래픽으로 만든 인간

디지털 세상에 있는 인간이에요. 가상 인간이지만 진짜 사람처럼 말하고 행동해요. 또 사람처럼 이름, 성별, 나이, 성격 등이 있어 진짜 사람 같이 느껴져요.

가상 인간은 인플루언서, 광고 모델, 가수, 배우, 쇼 호스트 등 여러 분야에서 활동하고 있어요. 가상 인간은 SNS를 통해 사람들과 어울리고 생활하는 모습이 담긴 사진과 동영상을 올리고, 사람들과 댓글과 메시지를 주고받으며 소통해요. SNS로 일상을 공유하고 소통하면서, 사람들은 점점 가상 인간을 실제 인간처럼 받아들이게 되었어요.

최근에는 가상 아이돌도 등장했어요. 컴퓨터 그래픽으로 만든 가상 인간과 달리, 가상 아이돌은 실제 사람의 움직임을 그대로 나타내는 가상 현실 속 아바타예요.

가상 인간은 시간과 공간에 상관없이 활동할 수 있고, 잘못된 행동으로 문제를 일으키지 않아요. 앞으로 가상 인간의 활동은 점점 더 늘어날 것으로 보여요.

 5명의 가상 인간으로 구성된 ○○○○이 새 앨범으로 돌아온다. ○○○○은 SNS를 통해 새 앨범을 공개하고 팬들과 소통할 예정이다.

어휘를 파고파고

인플루언서 사람들에게 큰 영향을 주는 사람이에요. SNS에 수십에서 수백 만 명의 구독자나 팔로워를 가진 SNS 유명인, 유튜버, 파워 블로거 등이에요.
소통 뜻이 서로 통해 오해가 없는 것이에요.

문화 03
비건
Vegan

동물성 식품을 전혀 먹지 않는 채식주의자

64

비건은 동물성 식품 대신 채소와 과일만 먹는 사람이에요. '동물성 식품'이라고 하면 고기와 생선은 물론 우유와 달걀, 버터, 치즈, 꿀 등 동물에게서 나오는 모든 음식을 가리켜요.

채식에는 여러 종류가 있어요. 채소와 과일만 먹는 사람부터 우유나 달걀을 먹는 사람, 생선이나 닭고기를 먹는 사람도 모두 채식이에요. 그중 비건이 가장 완전한 채식을 하는 사람이에요.

비건이 식물성 식품만 먹는 이유는 건강을 위해서이기도 하지만, 환경을 위해서이기도 해요. 소, 돼지, 양 등 가축이 내보내는 트림과 방귀는 전 세계에서 나오는 온실가스의 약 15%를 차지한다고 해요. 또 식량이 부족한데 많은 양의 곡식이 가축의 먹이로 사용되고 있어요.

또 동물 학대를 반대해서 비건을 실천하기도 해요. 그래서 동물성 식품뿐만 아니라 동물에게서 얻은 물건이나, 동물 실험을 거친 물건을 거부하는 사람도 모두 비건이라고 해요. 요즘에는 식품뿐만 아니라 옷, 화장품, 생활용품 등 다양한 비건 제품들이 나와 있어요.

 ○○○○○○은 단백질 음료에 100% 식물성 단백질을 넣어 비건 소비자들을 겨냥했다.

어휘를 파고파고

비건 패션 가죽, 모피 등 동물에게서 얻는 소재를 사용하지 않고 만든 옷이에요. 인조 모피나 파인애플, 선인장, 버섯 등으로 만든 비건 가죽을 사용해요.
학대 몹시 괴롭히거나 가혹하게 대하는 것이에요.

문화 04
스몸비
Smombie

스마트폰을 보며 고개를 숙이고 길을 걷는 사람

스마트폰과 좀비를 합한 말로, 스마트폰을 보느라 고개를 숙이고 걷는 사람들이에요. 느릿느릿 걷는 모습이 마치 영화에 나오는 좀비 같다고 해서 붙은 이름이지요.

조사에 따르면 횡단보도를 건널 때 보행자의 약 15%가 스마트폰을 사용한다고 해요. 주로 통화를 하고 그 밖에 문자 메시지 사용, 카톡 대화, 음악 듣기 등을 하느라 걸으면서 스마트폰을 본다고 해요.

스몸비는 스마트폰만 바라보기 때문에 위험한 일이 많아요. 다른 사람과 부딪치거나 걸려서 넘어지기도 하고, 차와 부딪쳐서 교통사고를 당하기도 해요. 지하철을 탈 때 발이 빠지는 사고도 종종 일어나지요.

스몸비가 늘어나자 안전을 위해 횡단보도 앞에 바닥 신호등을 설치했어요. 바닥 신호등은 바닥의 LED등을 보고 신호를 알 수 있는 장치예요. 고개를 숙인 상태에서도 안전하게 길을 건널 수 있어 사고를 줄이는 효과가 있어요. 하지만 바닥 신호등 때문에 고개를 들 필요 없이 계속 스마트폰만 보게 된다는 문제도 있어요.

 ○○ 초등학교는 학교 주변 약 1.2km를 노 스몸비 존으로 정했다. △△△△ 앱을 사용하면 이 구역에서는 통화만 할 수 있다.

어휘를 파고파고

보행자 길거리를 걷는 사람이에요.
스마트폰 중독 스마트폰을 너무 많이 사용하고, 스마트폰에 지나치게 빠지는 상태예요. 스마트폰 중독에 걸리면 집중을 못하고, 건강을 해치고, 사람들 관계에서 문제를 겪을 수 있어요.

문화 05
악플

인터넷에 올라온 내용에 대해 나쁜 말을 쓴 댓글

이 말 반사!

저 말 반사!

XXXX

핵노잼

악플은 한자 나쁠 악(惡)과 영어 답장(reply)을 합한 말로, 악성 댓글을 뜻해요. 그리고 악플을 쓰는 사람을 '악플러', 악플이 많이 달리는 것을 '악플 세례'라고 불러요.

악플은 심각한 사회 문제 중 하나예요. 사실이 아닌 거짓 소문이 인터넷을 통해 마구 퍼져 나가기 때문에 피해가 커요. 악플은 주로 잘 알려진 유명인이나 연예인들에게 달려요. 악플을 다는 사람은 장난이라고 하지만, 악플을 겪은 사람은 엄청난 고통을 받아요. 악플에 시달리다가 스스로 세상을 떠난 사람들도 있었지요.

그래서 정보를 검색하는 포털 사이트에서는 뉴스에 댓글을 다는 기능을 없앴어요. 하지만 유튜브와 인스타그램 등 SNS에서의 악플은 계속되고 있어요.

인터넷에서 내가 누군지 모른다고 해서 함부로 악플을 달면 경우에 따라 처벌을 받을 수 있어요. 악플을 막기 위해 글을 올릴 때 이름을 공개하고, 악플러를 강력하게 처벌해야 한다는 주장이 나오고 있어요.

📰 ○○○은 소속 연예인을 괴롭히는 악플러를 끝까지 찾아내 고소하는 등 강력한 법적 대응에 나섰다.

어휘를 파고파고

선플 악플의 반대로 착한 마음으로 다는 댓글이나, 칭찬, 격려, 사과 등을 위해 먼저 다는 댓글이에요. 악플로 힘들어하는 사람들에게 좋은 댓글을 달아 주자는 선플 달기 운동도 있어요.
익명 자신을 드러내지 않기 위해 이름을 숨기는 것이에요.

문화 06
어휘력

어휘를 풍부하고 다양하게 쓸 수 있는 능력

어휘는 일정한 범위 안에서 쓰이는 낱말 전체를 가리켜요. 그리고 어휘를 마음대로 다양하게 쓸 수 있는 능력을 '어휘력'이라고 해요.

그런데 사람들의 어휘력이 떨어지고 있어요. 대표적으로 '심심한 사과를 드립니다.'라는 사과문에 '나는 하나도 안 심심하다.'는 댓글이 달려 떠들썩한 적이 있었어요.

3일을 뜻하는 순우리말인 사흘을 4일로 쓰거나, 오늘을 뜻하는 금일(今日)을 금요일로 잘못 알고 있는 경우가 많아요. 그 밖에도 융통성이 없다는 뜻의 고지식을 높은 지식으로, 심심하다는 뜻의 무료(無聊)하다를 공짜로 이해하고 있는 사람도 많아요.

사람들의 어휘력이 떨어진 이유는 책을 잘 읽지 않고, SNS와 짧은 동영상을 많이 보기 때문이라고 해요. SNS와 영상에서 쓰는 어휘의 양은 책에 비해 매우 적은 데다, SNS와 영상에서 줄임말과 신조어를 너무 많이 쓰고 있어요. 그래서 사람들은 글을 읽고 이해하는 데 어려움을 겪고 있어요. 전문가들은 독서를 통해 어휘력을 키우는 것이 중요하다고 말해요.

 어휘력이 부족하면 교과서를 혼자 읽지도, 수업을 따라가지도 못해 결국 학습을 포기하게 된다고 말한다.

어휘를 파고파고

심심(甚深)하다 마음의 표현 정도가 매우 깊고 간절하다는 뜻이에요.
문해력 글을 읽고 이해하는 능력이에요. 영상을 많이 보고 책을 읽지 않으면서, 사람들의 문해력이 떨어졌어요.

문화 07
틱톡
TikTok

15초 정도의 짧은 영상을 만들고 올리는 플랫폼

요즘 틱톡에서 유행하는 영상을 따라 해 보자.

하트를 눌러 주세요!

둠칫 두둠칫

15초에서 10분 길이의 동영상을 만들고 공유할 수 있는 동영상 플랫폼이에요. 스마트폰만 있으면 누구나 쉽게 영상을 만들 수 있어 많은 사람들이 이용하고 있어요. 주로 춤과 노래, 재미있는 영상이 많이 올라오는데, 10~20대에게 큰 인기를 끌고 있어요.

　그런데 세계 여러 나라에서는 틱톡 사용을 못하게 하고 있어요. 왜냐하면 틱톡을 이용하는 사람들의 정보가 앱을 만든 중국으로 넘어가기 때문이에요. 실제로 틱톡이 다른 앱보다 너무 많은 개인 정보를 모은다고 알려져 있어요. 문제는 중국으로 넘어간 개인 정보가 어디에 쓰일지 알 수 없어요.

　그래서 미국, 캐나다는 물론 유럽과 아시아 몇몇 나라들은 정부 기관에서 틱톡 사용을 못하게 막았어요. 그리고 틱톡을 너무 많이 보는 사람들이 늘어나자, 청소년의 틱톡 사용 시간을 1시간으로 정했어요.

　최근에는 아이들이 틱톡에서 유행하는 위험한 행동을 따라 했다가 다치는 일도 있었어요.

 지난해 학교에서 학생 두 명이 틱톡을 따라 하다 다치는 일이 벌어졌다. 이들은 선생님 몰래 유행하는 영상을 찍으려다 각각 머리와 팔을 다쳤다.

어휘를 파고파고

숏폼 짧은 길이로 만든 영상이에요. 틱톡, 유튜브 쇼츠, 인스타그램 릴스 등이 있어요. 자극적인 내용으로 관심을 끌기 때문에 중독되기 쉬워요.

챌린지 도전이라는 뜻이에요. 지금은 주제에 맞추어 짧은 영상을 찍고 공유하는 놀이 문화가 되었어요.

문화 08
해시태그
hashtag

뒤에 단어를 붙여 쓰는 것

해시(hash)는 # 기호를, 태그(tag)는 꼬리표를 뜻해요. 그래서 해시태그는 # 뒤에 꼬리표처럼 단어를 쓰는 것을 말해요.

방법은 간단해요. # 뒤에 단어나 짧은 글을 붙이는데, # 뒤에는 띄어쓰기 없이 써야 해요. 만약 띄어쓰기를 하고 싶으면 '_'를 단어 사이에 쓰면 돼요.

SNS에서 # 뒤에 어떤 단어를 쓰면 관련된 정보를 하나로 묶을 수 있어요. 해시태그로 묶인 단어를 누르면, 똑같은 해시태그를 단 글을 모아 분류해서 볼 수 있어요. 그래서 사람들은 SNS에 올라온 해시태그를 통해 정보를 얻어요.

예를 들어 #슬라임, #강아지, #다꾸 등 관심 있는 단어를 검색하면, 같은 해시태그가 달린 사진이나 글을 쉽게 찾을 수 있어요. 또 내가 사진을 올릴 때 # 뒤에 하고 싶은 말을 쓸 수도 있지요.

그 밖에도 어떤 사건이 일어나면 같은 해시태그를 달고 뜻을 모으기도 해요. 또 해시태그로 응원을 하거나 마음을 표현하기도 한답니다.

가장 인기 높은 해시태그인 #공스타그램을 누르면, 공부하는 사람들이 올린 700만 개 이상의 게시물을 볼 수 있다.

어휘를 파고파고

분류 종류에 따라 나누는 것이에요.
해시태그 운동 SNS에 해시태그를 달아 널리 알리는 일이에요. 프랑스 파리에 테러 사건이 일어나자, 전 세계에서는 #prayforparis(파리를 위해 기도하자)를 달며 함께 슬퍼했어요.

과학

QR 코드 바이러스
나노 기술 백신
누리호 슈퍼 박테리아
달 탐사 인공 지능
드론 자율 주행 자동차
디지털 포렌식 챗GPT
메타버스

과학 01
QR 코드
QR code

여러 가지 정보를 나타내는 격자무늬 그림

QR은 Quick Response의 줄임말로, 빠른 대답을 얻을 수 있다는 뜻이에요. QR 코드는 바코드와 비슷해 보이지만 달라요. 바코드는 여러 개의 막대가 가로로 길게 늘어져 있지만, QR 코드는 여러 개의 점들이 모인 정사각형 모양이에요. 또 바코드에는 간단한 정보만 들어 있지만, QR 코드에는 바코드보다 훨씬 많은 정보를 담을 수 있어요.

사용 방법은 아주 간단해요. 스마트폰으로 QR 코드를 찍으면 바로 인터넷 주소(URL)나 사진, 동영상으로 연결돼요. 또 QR 코드를 찍어서 물건을 살 수도 있지요.

QR 코드는 누구나 쉽게 만들 수 있고, 자유롭게 이용할 수 있어요. 그래서 상품뿐만 아니라 신문, 광고, 명함 등 다양한 곳에 QR 코드가 활용되고 있어요.

하지만 함부로 QR 코드를 찍으면 스마트폰에 나쁜 영향을 끼치는 프로그램이 설치되거나, 자극적인 내용의 인터넷 주소로 이동할 수 있어요. 그러니 QR 코드를 찍기 전에 주의해야 해요.

○○○ 구매 후 포장지에 그려진 QR 코드를 찍으면 △△△△에서 진행하는 경품 이벤트에 응모할 수 있다.

어휘를 파고파고

바코드 상품 포장지에 표시된 검고 흰 줄무늬예요. 회사, 가격, 종류 등의 정보가 들어 있어요.
URL 인터넷에서 사이트 주소를 나타내는 방법이에요. http:// 뒤에 사이트 주소를 붙여 써요.

과학 02
나노 기술

10억분의 1 크기의 물질들을 조작하고 다루는 기술

나노는 10억분의 1을 나타내요. 1나노미터(nm)는 10억분의 1미터(m)로, 눈으로 볼 수 없는 아주 작은 크기예요. 물질을 이루는 가장 작은 알갱이를 '원자'라고 하는데, 원자는 1나노미터보다 작아요. 그러니까 나노 기술은 원자나 분자를 잘 연결해서 새로운 물질을 만드는 것이에요.

물질이 작아지면 성질이 달라져요. 금은 노란색이지만, 나노 크기가 되면 빨간색으로 바뀌어요. 또 크기가 작아지면 효과가 높아져요. 화장품에 들어 있는 나노 물질은 크기가 작아서, 피부를 좋게 만들어요.

오늘날 나노 기술은 여러 산업에서 활용되고 있어요. 나노 기술이 더 발전하면, 나노 로봇이 몸속에서 병균을 공격해 치료한다고 해요.

하지만 문제도 있어요. 아직 나노 물질이 사람에게 어떤 영향을 줄지 정확히 알 수 없어요. 또 나노 로봇이 몸속에서 잘못 작동하거나, 나노 로봇을 해킹 해서 나쁜 목적으로 사용하면 위험한 상황이 생길 수도 있어요.

> 📰 ○○○○이 개발한 △△△ 크림은 특허받은 나노 기술로 피부 깊숙이 영양분을 전달해, 피부의 탄력과 건강을 되살려 준다.

어휘를 파고파고

원자 물질을 쪼갰을 때 더 이상 쪼갤 수 없는 가장 작은 알갱이예요. 크기는 약 0.1~0.4나노미터예요.
탄소 나노 튜브 나노 기술로 탄소 원자를 다시 연결해 만든 물질이에요. 강철보다 가벼우면서 수백 배나 강해요.

과학 03
누리호

우리나라 기술로 개발한 우주 발사체

누리호는 1.5톤(t) 정도의 인공위성을 실을 수 있는 우주 발사체예요. 발사체는 인공위성이나 우주선을 실어 지구 궤도에 올리거나, 우주로 보내는 로켓이에요.

2021년 누리호 1차 발사는 실패했지만 2022년 2차와 2023년 3차 발사를 모두 성공하면서, 우리나라는 세계에서 7번째 우주 강국이 되었어요.

놀라운 것은 누리호가 오로지 우리나라의 기술로 개발한 한국형 발사체라는 거예요. 설계부터 발사까지 모든 과정을 온전히 우리의 힘으로 해냈어요.

3차 발사된 누리호는 무게 200.4톤(t), 길이 47.2미터(m)이고, 3단으로 되어 있어요. 특히 3차 발사에서는 처음으로 실용 인공위성을 싣고 목표한 궤도에 올라갔어요. 누리호에 실린 위성들은 우주 방사능의 양을 재거나, 지구를 관찰하는 등 다양한 일을 해요.

누리호 발사는 전라남도 고흥군에 있는 나로 우주 센터에서 이루어졌어요. 누리호는 2027년까지 3번 더 발사한다고 해요.

NEWS 차세대 중형 위성 3호를 싣고 갈 한국형 발사체 누리호 4차 발사가 2025년 하반기로 정해졌다.

어휘를 파고파고

궤도 행성이나 인공위성이 중력의 영향을 받아 둥글게 돌면서 그리는 길이에요.
나로호 100kg 정도의 인공위성을 실을 수 있는 우주 발사체로, 2013년 발사에 성공했어요. 2단으로 되어 있는데, 1단은 러시아가, 2단은 우리나라가 개발했어요.

과학 04
달 탐사

달의 주위를 돌거나 달에 착륙해 달을 탐사하는 활동

달 탐사는 언제 시작되었을까요? 가장 먼저 달 탐사에 성공한 나라는 옛 소련이에요. 소련은 사람이 타지 않은 우주선을 달에 보내 달 사진을 찍었어요. 이에 미국은 사람을 태운 우주선을 달에 보내기 위해 노력했고, 마침내 1969년 사람이 탄 아폴로 11호가 최초로 달 착륙에 성공했어요.

오늘날 미국 항공 우주국(NASA)은 아르테미스 계획을 진행하고 있어요. 2025년까지 달에 사람을 보내고, 2030년까지 달에 사람이 머물러 사는 우주 기지를 만든다는 계획이지요.

지금까지 달 착륙에 성공한 나라는 미국과 옛 소련, 중국, 인도, 일본이에요. 여러 나라가 달에 가려고 하는 이유는 달에는 헬륨-3, 희토류 등 지구에서 구하기 힘든 자원이 많이 있기 때문이에요. 헬륨-3는 어마어마한 양의 에너지를 만들 수 있고, 희토류는 전기 자동차와 스마트폰의 배터리, 반도체를 만드는 데 필요해요.

우리나라도 2032년까지 달에 착륙선을 보내기 위해 준비하고 있어요.

 달 착륙에 성공한 일본의 달 탐사선 슬림은 특수 카메라로 달 표면을 조사하고, 암석을 촬영했다.

어휘를 파고파고

미국 항공 우주국(NASA) 미국의 우주 개발에 대한 모든 일을 맡아 하는 국가 기관이에요.
다누리 우리나라 최초의 달 탐사선으로, 2022년 발사에 성공했어요. 다누리는 달 궤도를 돌며 달을 관찰하고, 달의 방사능을 재는 등 여러 가지 일을 하고 있어요.

과학 05
드론
Drone

사람이 타지 않고 무선으로 조종하는 작은 비행기

사람이 타지 않고 멀리서도 조종할 수 있는 무인 비행기예요. 마치 벌이 윙윙대는 소리를 내면서 하늘을 날아다녀요.

처음에 드론은 전쟁에서 적을 살피거나 공격하는 무기로 쓰였어요. 지금은 군사용뿐만 아니라 촬영, 산업, 취미 등 다양하게 활용해요. 드론에 카메라를 달아 사람이 가기 어려운 장소를 촬영하고, 농약을 뿌리거나 공기의 상태를 확인해요.

또 드론에 물건을 싣고 배달도 해요. 미국의 온라인 쇼핑몰인 아마존은 세계 최초로 드론 배송을 시작했어요. 우리나라도 섬이나 배에서 일하는 사람들에게 드론으로 치킨, 피자, 짜장면, 약 등 다양한 물건을 배달하고 있어요. 사람을 태우는 드론 택시도 곧 개발된다고 해요.

드론은 편리하지만 만약 고장 나서 떨어지면 큰 사고가 일어날 수 있어요. 또 드론이 날아다니며 촬영할 수 있기 때문에 사생활 침해 문제도 걱정돼요.

📰 NEWS 올겨울 철원으로 날아온 철새를 위해 먹이 주기를 진행했다. 조류 독감을 막기 위해 올해부터는 주민 대신 드론이 논에 볍씨를 뿌렸다.

어휘를 파고파고

무인 사람이 없다는 뜻이에요.
사생활 침해 침해는 함부로 끼어들어 해를 끼친다는 뜻이에요. 사생활 침해는 개인의 일상생활이나 개인과 관련된 여러 정보가 함부로 알려져, 피해를 보는 것이에요.

과학 06
디지털포렌식
Digital Forensic

디지털 기기나 인터넷에 남아 있는 정보를 분석해 증거를 찾는 일

찾았다! 증거는 못 없애.

포렌식은 범죄를 수사하는 과정에서 사용되는 과학적인 방법이나 기술을 말해요. 그리고 디지털 포렌식은 컴퓨터나 스마트폰 등 디지털 기기와 인터넷에 남아 있는 증거를 수집하고 분석하는 것이에요.

우리는 거의 매일 컴퓨터나 스마트폰을 사용하기 때문에, 디지털 기기와 인터넷에 흔적을 남겨요. 우리가 남긴 흔적은 절대로 지워지지 않고, 어딘가 남아 있어요. 범죄가 일어나면 이 흔적들을 찾아 수사에 활용하는 거지요.

디지털 포렌식은 디지털 기기와 인터넷에 접속한 기록, 다운로드 기록, 사용 시간 등을 분석해요. 또 삭제된 메일이나 대화 내용, 전화번호, 사진, 동영상, 통화 내용 등도 되살릴 수 있어요. 범인이 아무리 자료를 지우고 숨겨도 디지털 포렌식 기술로 복원해서 증거를 찾을 수 있답니다.

디지털 범죄가 늘어나고 있는 요즘, 디지털 포렌식은 거의 모든 과학 수사에 활용되고 있어요.

 경찰은 다른 사람을 불법으로 촬영한 몰래카메라 범죄를 확인하기 위해 ○씨의 휴대 전화를 디지털 포렌식 하고 있다.

어휘를 파고파고

복원 원래대로 회복하는 것이에요.
증거 어떤 사실을 증명할 수 있는 근거예요. 디지털 포렌식 수사관은 범인이 숨기거나 못 쓰게 만든 자료를 복원해, 법적인 증거 자료로 만드는 일을 해요.

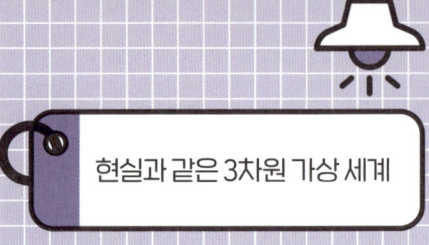

가상을 의미하는 메타(Meta)와 현실 세계를 의미하는 유니버스(Universe)를 합한 말로, 현실과 가상이 뒤섞여 있는 공간이에요. 메타버스에서는 아바타를 통해 경제, 사회, 문화 등 실제와 똑같은 활동을 할 수 있어요.

메타버스는 가상 현실 게임이 인기를 끌면서 널리 알려졌어요. 특히 코로나19로 비대면 일상이 계속되면서, 메타버스에 대한 관심도 크게 높아졌지요.

우리는 메타버스 안에서 다양한 활동을 해요. 메타버스에서 친구들과 이야기하고, 수업을 들어요. 박물관과 미술관에서 멋진 작품을 구경하고, 쇼핑도 하지요. 또 아바타들이 모여 게임도 하고, 새로운 친구를 사귀기도 해요. 실제로 메타버스에서 선거 운동, 입학식, 콘서트, 팬 미팅 등이 열리기도 했어요.

메타버스 공간에서도 사기 같은 일들이 벌어져요. 또 현실에서는 아무것도 하지 않고, 메타버스 세상에 빠져 있는 중독도 일어날 수 있기 때문에 조심해야 해요.

 ○○ 대학교 캠퍼스를 본떠 만든 메타버스로 신입생들은 선배들과 함께 학교 시설을 미리 체험할 수 있었다.

어휘를 파고파고

아바타 가상 세계에서 자신을 나타내는 캐릭터예요.
가상 현실(VR) 가상 세계를 체험할 수 있는 기술이에요. 특수 안경을 쓰면 실제로 그곳에 있는 것처럼 생생한 경험을 할 수 있어요.

과학 08
바이러스
Virus

동물, 식물, 세균 등 살아 있는 생물에 기생해서 감염병을 일으키는 물질

바이러스는 아주 작아요. 생물을 이루는 가장 작은 단위를 '세포'라고 하는데, 바이러스는 세포 안에 살 정도로 아주아주 작아요. 그래서 동물, 식물, 세균 등에 쉽게 들어갈 수 있어요.

바이러스는 생물도 아니고 무생물도 아니에요. 생물은 스스로 먹이를 먹고 자라요. 하지만 바이러스는 먹지도 않고 자라지도 않아요. 그래서 다른 생물처럼 스스로 살지 못하고, 살아 있는 생물 몸속에 들어가 몰래 살아요. 생물의 몸 밖에서는 아무 활동도 하지 못하고, 그냥 덩어리로 있지요.

바이러스는 생물의 몸속에 들어간 다음, 생물의 세포 속에 자신의 유전 물질을 집어넣어 후손을 남겨요. 바이러스가 자신과 똑같은 바이러스를 만드는 동안, 생물의 세포가 파괴되어 병이 나요. 이것을 '감염'이라고 해요.

바이러스는 여러 가지 종류가 있는데 대부분 알려지지 않았어요. 감염되는 생물에 따라 크게 동물 바이러스, 식물 바이러스, 세균 바이러스 등으로 나뉘어요.

 전 세계에서 유행하고 있는 홍역은 홍역 바이러스에 의해 감염되는 급성 유행성 질병으로, 기침 또는 재채기를 통해 공기로 퍼진다.

어휘를 파고파고

세균 생물 중에서 가장 작은 미생물로, 바이러스와 달리 스스로 살 수 있어요. 세균은 병을 일으키기도 하지만, 우리에게 도움을 주기도 해요.

기생 서로 다른 생물이 생활하며 한쪽은 이익을 보지만, 다른 한쪽은 손해를 보는 관계예요.

과학 09
백신
Vaccine

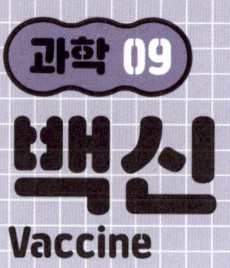

감염병을 막기 위해 바이러스와 세균을 약하게 만들어 몸속에 넣는 것

감염병에 걸리지 않도록 예방 주사를 맞는데, 주사에는 약하게 만든 바이러스와 세균이 들어 있어요. 이렇게 일부러 몸속에 넣는 바이러스와 세균을 '백신'이라고 해요.

우리 몸은 질병을 일으키는 바이러스와 세균이 몸속으로 들어오면 열심히 싸워요. 싸울 때 바이러스와 세균을 없애는 물질인 '항체'를 만들어요.

우리 몸은 한 번 싸우고 나면 다음에 같은 바이러스와 세균이 들어왔을 때 더 강한 항체를 만들어 내요. 그러니까 백신은 몸에 약한 바이러스와 세균을 넣어 질병을 앓게 해서, 그 병에 걸리지 않게 하는 거예요.

백신은 18세기 영국의 에드워드 제너가 천연두를 예방하기 위해 만들었어요. 이후 프랑스의 루이 파스퇴르가 여러 가지 백신을 개발하면서, 백신이 널리 쓰이게 되었어요. 백신 덕분에 천연두, 광견병, 간염, 콜레라, 홍역 등 무서운 감염병으로부터 생명을 구하게 되었어요.

 독감이 유행하고 있다. 질병관리청은 백신의 예방 효과가 크기 때문에 지금이라도 백신을 맞을 것을 권하고 있다.

> **어휘를 파고파고**
>
> **면역력** 우리 몸에 병균이 들어오지 못하게 막거나, 병균이 들어와도 싸울 수 있는 힘이에요.
> **천연두** 천연두 바이러스가 일으키는 감염병으로, 많은 사람들이 목숨을 잃었어요. 지금은 천연두 바이러스가 완전히 사라졌어요.

과학 10
슈퍼 박테리아
Superbacteria

어떤 항생제에도 죽지 않는 돌연변이 세균

우리 몸에 나쁜 세균이 들어오면 항생제를 써서 세균을 없애요. 이때 항생제는 세균이 활동하지 못하게 막거나 죽이는 약이에요.

항생제는 질병을 치료하는 데 꼭 필요하지만 너무 오래 사용하면 안 돼요. 항생제를 오래 쓰면 항생제에도 살아남는 돌연변이 세균이 생기기 때문이에요. 그러면 사람들은 더 강한 항생제를 써서 돌연변이 세균을 없애려고 하고, 그러다 나중에는 어떤 항생제에도 죽지 않는 강력한 세균이 만들어져요.

이렇게 마지막까지 살아남은 강력한 돌연변이 세균을 '슈퍼 박테리아'라고 해요. 슈퍼 박테리아에 감염이 되면, 항생제가 듣지 않아 치료하기 매우 어려워요. 그래서 슈퍼 박테리아에 감염돼 생명을 잃는 사람들이 해마다 늘고 있어요.

그렇다고 해도 병원에서 받은 항생제는 다 먹어야 해요. 중간에 멈추면 몸 속에 남아 있던 세균이 더 강해질 수 있어요. 슈퍼 박테리아에 감염되지 않으려면, 평소에 손을 자주 씻는 것이 중요하다고 해요.

 지난해 우리나라에서 슈퍼 박테리아에 감염된 환자는 조사 이후 최대 규모인 4만 명에 달했다.

어휘를 파고파고

돌연변이 부모에게 없던 새로운 성질이 나타나 자손에게 전달되는 일이에요.
내성 세균이 항생제에 저항하는 힘이에요. 같은 약을 오래 사용하면, 세균이 약에 적응해 더 강해져요.

과학 11
인공지능
AI

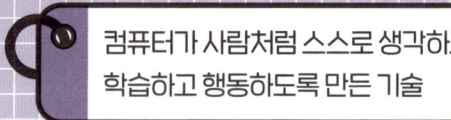

컴퓨터가 사람처럼 스스로 생각하고 학습하고 행동하도록 만든 기술

인공 지능은 컴퓨터가 사람처럼 생각해서 스스로 행동할 수 있게 만든 기술이에요. 컴퓨터는 사람보다 훨씬 많은 양의 정보를 처리하고, 빠른 속도로 계산할 수 있어요. 하지만 사람처럼 생각하고 말하고 판단할 수는 없어요.

인공 지능은 사람의 두뇌와 비슷하게 정보를 처리하는 과정을 본뜬 인공 신경망을 통해 사람의 지능을 따라 하게 만든 것이에요. 그래서 스스로 학습해서 판단하고, 사람들이 처리하기 어려운 문제도 빠르게 해결해 내고 있어요.

인공 지능은 우리 생활에도 이미 들어와 있어요. 스스로 움직이는 자율 주행 자동차나, 여러 가지 정보를 알려 주는 인공 지능 스피커도 모두 인공 지능을 활용한 거예요.

인공 지능은 빠르게 발전하고 있어요. 2016년 인공 지능 알파고와 바둑 기사 이세돌이 바둑을 두어, 알파고가 승리했어요. 어쩌면 미래에 인공 지능이 사람의 능력을 뛰어넘을 수도 있다며 걱정하는 목소리도 있어요.

 인공 지능 ○○에 명령어를 입력하자, 신기한 표정으로 촛불을 바라보는 동물의 모습이 생생한 애니메이션 영상으로 만들어졌다.

어휘를 파고파고

딥 러닝 컴퓨터가 사람처럼 스스로 생각하고 학습하는 기술이에요. 많은 데이터를 통해 사물을 빠르게 구분해요.

알파고 구글이 만든 인공 지능 바둑 프로그램이에요. 딥 러닝으로 학습해서 프로 바둑 기사인 이세돌과 대결해, 4 대 1로 승리했어요.

과학 12
자율 주행 자동차

사람이 운전하지 않아도 스스로 움직이는 자동차

사람이 운전하지 않아도 스스로 움직이는 자동차가 있어요. 바로 영화에 나오는 자율 주행 자동차예요. 자율 주행 자동차는 더 이상 영화 속 모습이 아니에요.

자율 주행 자동차는 여러 개의 센서와 카메라가 주변을 살펴요. 그래서 다른 자동차나 건물 사이의 거리를 재고, 위험을 알 수 있어요. 또 교통안전 표지판의 의미를 이해하고, 사람이 갑자기 도로에 뛰어드는 것을 알아채요.

지금 우리나라에서는 정해진 도로에서 자율 주행 택시와 버스가 시범으로 다니고 있어요. 자율 주행 자동차가 다니는 도로가 점점 늘고 있고, 앞으로 모든 도로에서 자율 주행 자동차가 스스로 운전하는 날이 올 거예요.

자율 주행 자동차가 다니게 되면 신호를 지키지 않거나, 졸음운전을 해서 교통사고가 나는 것을 줄일 수 있어요. 이동이 어려운 장애인도 자율 주행 자동차를 타고 자유롭게 가고 싶은 곳에 갈 수 있어요. 또 도로 상태를 미리 알고 알맞은 길로 가기 때문에 길도 덜 막힐 거라고 기대해요.

 서울에서 세계 **최초로 심야 자율 주행 버스**가 운행을 시작하면서 이후 심야 자율 주행 택시도 운행을 계획하고 있다.

어휘를 파고파고

자율 남의 간섭을 받지 않고, 자기 스스로 생각하고 행동하는 것이에요.
센서 소리, 빛, 온도, 압력 등을 느끼고 알려 주는 장치예요. 빛 센서, 가스 센서, 속도 센서, 온도 센서, 바이오 센서 등이 있어요.

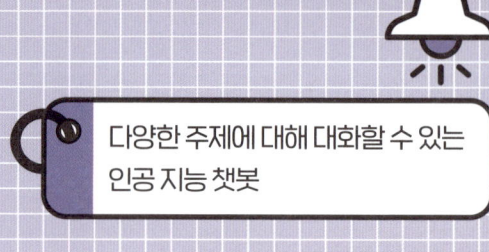

미국의 인공 지능 연구소인 오픈AI가 개발한 대화 전문 인공 지능 챗봇이에요. 질문을 하면 대답을 하는데, 그냥 대답만 하는 게 아니라 문제 해결에 필요한 답까지 내놓아요. 진짜 사람과 대화하는 것처럼 자연스럽게 대화를 할 수 있어요.

챗GPT는 똑똑해서 어떤 질문에도 답을 척척 내놓아요. 또 시, 소설, 메일 등 어떤 주제로든 글을 뚝딱 써내요. 미국에서 여러 가지 실험을 했는데, 챗GPT가 경영 대학원, 의사, 변호사 시험도 통과했다고 해요.

하지만 미국 학교에서는 학생들이 챗GPT가 쓴 글을 숙제로 내서 문제가 된 일이 있었어요. 그래서 챗GPT가 쓴 글인지 아닌지 구별하는 프로그램을 계속해서 개발하고 있어요.

이렇게 챗GPT가 빠르고 똑똑한 이유는 어마어마한 양의 데이터를 학습했기 때문이에요. 하지만 챗GPT도 완벽하지 않아요. 학습한 데이터에 잘못된 내용이 있으면 거짓 정보를 알려 주고, 아직 학습하지 않은 데이터에 대해서는 대답하지 못해요.

챗GPT가 기억력까지 갖추게 되었다. 이제는 이전 대화 내용을 기억해, 더 정확하고 빠르게 맞춤 대답을 할 수 있다.

어휘를 파고파고

챗봇 사람과 대화할 수 있도록 만든 인공 지능이에요. 정해진 질문에 대해 정해진 대답만 할 수 있어요.
저작권 자신이 만든 작품에 대해 갖는 권리예요. 챗GPT는 다른 사람의 작품을 학습해 결과물을 내놓기 때문에 저작권 문제가 있어요.

환경

그린피스 지진
기후 변화 탄소 중립
미세 먼지 후쿠시마 오염수
미세 플라스틱

환경 01
그린피스
Greenpeace

핵 실험을 반대하고 환경 보호를 위해 활동하는 단체

환경 보호를 위해 세계적으로 활동하는 단체예요. 처음 그린피스는 미국 알래스카에 있는 섬에서 핵 실험을 하려는 것을 반대하며 모이게 되었어요. 이때 배에 '그린피스'라고 쓴 깃발을 꽂았는데, 이것이 그린피스의 시작이 되었어요. 이후 사람들에게 알려지면서 그린피스는 환경을 지키는 여러 가지 활동을 하고 있어요.

1993년 영국 근처 바다가 기름으로 뒤덮이자 그린피스는 바다에 퍼진 기름을 제거하고, 기름을 뒤집어쓴 야생 동물들을 구조했어요. 또 고래를 잡는 배들을 따라다니며 사냥을 막고, 고래를 몰래 잡는 나라에 대해서는 그 나라의 물건을 사지 말자는 운동을 벌였어요.

지금도 원자력 발전을 반대하고, 기후 변화, 생물 다양성, 바다 보호 등 환경 문제를 알리는 등 환경 보호에 앞장서고 있어요.

그린피스 본부는 네덜란드 암스테르담에 있고, 전 세계에 40여 개의 사무실을 두고 있어요.

 그린피스는 태평양 깊은 바다에서 광물을 캐는 것에 대해 바다 생물을 위협하는 행동이라며 강하게 비판했고, 반대 시위를 벌였다.

어휘를 파고파고

비정부 기구(NGO) 정부가 아닌 시민들이 만든 단체예요. 정치, 인권, 환경 등 다양한 분야에서 활동하고 있어요.

세계 자연 기금(WWF) 세계적인 환경 보호 단체로, 환경 오염을 막고 야생 생물을 보호하기 위해 노력해요.

환경 02
기후 변화

어떤 지역의 기후가 시간이 지나면서 변하는 것

헉헉! 더워…….

지구의 기후가 빠르게 변하고 있어요. 이유는 바로 지구 온난화 때문이에요. 공장과 자동차에서 나오는 가스는 지구의 온도를 높이는데, 그동안 공기 중에 가스가 너무 많아졌어요.

지구의 온도가 올라가면서 남극과 북극의 얼음이 녹아, 바닷물이 높아졌어요. 바닷물의 높이가 올라가자 작은 섬들은 바다에 잠기고 있어요.

또 지구의 온도가 올라가면서 공기의 흐름이 달라져, 지구 곳곳에 이상한 일들이 일어나고 있어요. 더운 지역에 눈이 내리고, 사막에 우박이 쏟아져요. 그 밖에도 가뭄, 홍수, 폭염, 폭우 등 이상 기후가 자주 나타나요.

기후 변화는 사람과 동식물에 영향을 끼쳐요. 기후가 달라지면 원래 그 기후에 살던 생물들은 살기 어렵게 돼요.

세계 여러 나라는 지구 온도가 1.5도 올라가는 것을 막으려고 해요. 1.5도가 올라가면 지금까지 쌓인 가스 때문에 금방 4도까지 올라가요. 그래서 기후 변화를 막기 위해 전 세계가 힘써야 해요.

 기후 변화로 과수원에서 키우는 과일이 바뀌고 있다. 최근 대구, 전남, 제주 등에서 레몬을 키우는 곳이 늘어났다.

어휘를 파고파고

온실가스 석탄, 석유 등 화석 연료를 사용할 때 나오는 이산화 탄소, 메탄 등이에요. 온실가스가 많아지면, 지구의 온도가 점점 올라가는 지구 온난화 현상이 일어나요.
해수면 바닷물의 표면이에요.

환경 03
미세 먼지

눈에 보이지 않는 아주 작은 먼지

눈에 보이지 않을 만큼 아주 작은 먼지를 말해요. 1마이크로미터(㎛)는 1,000분의 1밀리미터(mm)예요. 사람의 머리카락 크기가 50~70마이크로미터(㎛) 정도인데, 미세 먼지는 10마이크로미터(㎛)보다 작아요. 그러니까 미세 먼지는 사람 머리카락의 1/5~1/7 크기인 거지요.

미세 먼지는 몸에 해로운 물질들로 이루어져 있어요. 대부분 공장, 자동차, 집 등에서 석탄이나 석유 같은 화석 연료를 태울 때 생겨요. 우리나라는 중국에서 날아오는 미세 먼지까지 더해져 미세 먼지 문제가 더 심각해요.

미세 먼지는 너무 작아서 숨을 쉴 때 몸속으로 들어와요. 그러면 호흡기와 피부, 눈에 질병을 일으키고, 뇌나 심장에도 나쁜 영향을 줄 수 있어요. 특히 초미세먼지는 폐 속까지 깊숙이 들어와 더 위험해요.

미세 먼지가 많은 날에는 되도록 밖에 나가지 않고, 나갈 때는 반드시 마스크를 써야 해요. 나갔다 돌아오면 바로 손발을 씻고 이를 닦아요.

○○시는 미세 먼지를 줄이기 위해 수소 전기 자동차를 사는 사람에게 보조금을 주고 있다.

어휘를 파고파고

초미세 먼지 2.5마이크로미터(㎛)보다 작은 먼지로, 사람 머리카락의 1/20~1/30 크기예요.
황사 작은 모래가 바람을 타고 내려오는 것이에요. 봄이 되면 중국이나 몽골의 사막에서 일어난 모래가 우리나라에 날아와요.

환경 04
미세 플라스틱

5밀리미터(mm)보다 작은 플라스틱

아주 작은 플라스틱 조각이에요. 미세 플라스틱은 화장품이나 치약 등 물건에 들어 있기도 하고, 플라스틱 쓰레기가 햇빛, 바람, 파도 등에 잘게 부서져 만들어져요.

우리는 비닐봉지나 음식물 포장 용기 등 플라스틱을 자주 사용해요. 플라스틱 사용은 점점 더 늘어나고, 버려지는 플라스틱도 같이 늘고 있어요. 우리가 버린 플라스틱 쓰레기는 대부분 바다로 흘러 들어가요. 플라스틱은 바닷물에 떠다니며 잘게 부서져, 환경을 오염시키고 있어요.

물고기와 바닷새는 미세 플라스틱을 먹이로 알고 먹고, 고래와 바다거북은 몸속에 쌓인 미세 플라스틱 때문에 병에 걸려요. 미세 플라스틱은 바다 곳곳에 퍼져 김, 미역, 조개는 물론 소금에서도 나오고 있어요.

미세 플라스틱은 결국 사람도 먹게 돼요. 우리 몸속에 미세 플라스틱이 쌓이면 건강에 나쁜 영향을 줄 수 있어요. 플라스틱을 재활용하는 것도 중요하지만, 모두가 당장 플라스틱 사용을 줄여야 해요.

 식물도 땅에서 흡수한 미세 플라스틱을 열매를 통해 다음 세대에 전한다는 연구 결과가 나왔다.

어휘를 파고파고

분해 여러 부분으로 이루어진 것을 낱낱으로 나누는 것이에요. 플라스틱 쓰레기는 시간이 지나면서 더 잘게 분해돼요.

재활용 쓰레기의 쓰임새를 바꾸거나 다른 것으로 만들어서 다시 쓰는 일이에요.

환경 05
지진

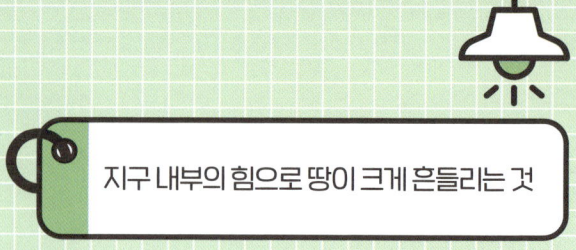

지구 내부의 힘으로 땅이 크게 흔들리는 것

지구 내부에서 생기는 큰 힘을 받아, 땅이 끊어지면서 흔들리는 것이에요. 또 화산이 폭발하거나 산사태가 날 때 지진이 일어나기도 해요.

규모가 큰 지진이 일어나면 건물과 도로, 다리 등이 무너져요. 사람들이 다치고 목숨을 잃는 등 큰 피해를 입어요. 또 무너진 건물을 다시 짓는 데 큰돈이 들어요. 바다에서 지진이 일어나면 거대한 파도가 밀려와 바닷가 마을이 잠기기도 해요.

하지만 아직까지 지진이 생기는 것을 미리 알기 힘들어요. 그러니 지진이 생긴 후 피해를 줄이기 위해 미리 대비해야 해요. 건물을 지을 때는 지진에 견딜 수 있는 튼튼한 건물을 짓고, 평소에 지진 대피 훈련을 해야 해요.

우리나라도 더 이상 지진에서 안전하지 않아요. 그동안 경주와 포항, 동해 등에서 지진이 일어났어요. 그러니 지진 대피 방법을 미리 알아 두어야 해요. 만약 지진이 일어나면 머리를 보호하고 안내 방송에 따라 침착하게 행동해요.

NEWS 일본에서 일어난 지진의 영향으로, 31년 만에 동해안에 지진 해일이 발생했다.

어휘를 파고파고

지진 해일 바다 밑에서 일어난 지진으로, 바닷물이 크게 일어서 바닷가에 들어오는 것이에요. 지진 해일이 일어나면 파도가 매우 빠르게 다가오기 때문에, 무조건 높은 곳으로 올라가야 해요.
대피 위험이나 피해를 입지 않도록 피하는 것이에요.

환경 06
탄소 중립

이산화 탄소를 내보낸 만큼 이산화 탄소를 흡수해 이산화 탄소 양을 0으로 만드는 일

내뿜 내뿜 쏙쏙

중립을 지켜야 해.

중립은 어느 쪽에도 서지 않고 중간에 있는 것이에요. 그래서 탄소 중립은 이산화 탄소를 내보낸 만큼 이산화 탄소를 흡수해, 그 양을 중간으로 만든다는 뜻이에요. 다른 말로 '탄소 제로'라고도 해요.

이산화 탄소가 많아지면서 지구는 뜨거워지고 있어요. 이를 해결하기 위해 이산화 탄소를 내보낸 만큼 나무를 심어 숲을 만드는 방법이 있어요. 나무는 광합성을 통해 이산화 탄소를 흡수하고 산소를 만들어요. 또 화석 연료를 대신해서 태양열이나 풍력 에너지 같은 신재생 에너지를 발전시키는 방법도 있지요.

전 세계 나라들은 2015년 파리 협정을 통해 탄소 중립을 약속했어요. 그리고 나라마다 탄소 배출을 줄이기 위해 노력하고 있어요. 유럽 연합(EU)은 2050년까지 탄소 중립을 완전히 이루기 위해, 앞으로 휘발유와 디젤 등 화석 연료를 사용하는 자동차를 팔지 않기로 했어요.

우리나라도 2050년까지 이산화 탄소 양을 0으로 만들기 위해 노력하고 있어요.

NEWS 택배 기업들도 탄소 중립을 위해 친환경 포장 기술을 개발하거나 전기 택배 차로 바꾸는 등 친환경 배송에 나서고 있다.

어휘를 파고파고

신재생 에너지 화석 연료 대신 쓸 수 있는 태양광, 태양열, 풍력, 수력 에너지 등이에요.
배출 안에서 밖으로 밀어 내보내는 것이에요. 또 남은 음식물 찌꺼기를 항문으로 내보내는 것도 뜻해요.

환경 07
후쿠시마 오염수

일본 후쿠시마 원자력 발전소에서 나오는 방사성 물질에 오염된 물

후쿠시마 오염수 방류 절대 반대!

바다를 지켜 주세요!

우린 이제 어떻게 살아?

2011년 일본 도호쿠 지역 바다에서 지진과 해일이 일어나, 후쿠시마 원자력 발전소가 폭발했어요. 이때 핵연료를 식히기 위해 사용한 물과 발전소로 들어오는 빗물과 지하수로, 매일 오염수가 생기고 있어요.

그런데 사고 이후 오염수 처리가 문제가 되고 있어요. 일본이 2023년 8월부터 오염수를 바다에 흘려 보냈기 때문이에요. 일본은 오염수에 들어 있는 방사성 물질을 안전하게 처리했다고 했지만, 오염수에는 제거할 수 없는 방사성 물질이 남아 있어요. 특히 삼중 수소는 암을 일으킬 수 있는 아주 위험한 물질인데, 하나도 제거되지 않았어요.

일본은 약 30년 동안 오염수를 바다에 내보낼 것이라고 해요. 후쿠시마 오염수는 태평양으로 퍼져 나가 우리나라 바다로 들어와요. 일본의 오염수 방류는 주변 나라의 건강을 위협하고, 바다를 오염시키는 무책임한 행동이에요. 그리고 바닷물은 돌고 돌기 때문에 결국 전 세계의 바다 생태계에 영향을 미치는 위험한 행동이에요.

> ○○군은 후쿠시마 오염수 방류에 따라 학생들의 안전한 먹거리를 위해 학교 급식 재료에 대한 방사능 안전 검사를 실시하기로 했다.

어휘를 파고파고

방사성 물질 방사선을 내보내는 물질이에요. 방사성 물질은 심각한 질병을 일으키고, 세포를 파괴하는 등 건강에 매우 해로워요.
방류 모아서 가두어 둔 물을 흘려 보내는 것이에요.

ㄱ

가상 인간	62
가상 현실	91
가짜 뉴스	26
강제 동원	51
고령 사회	28
국제 연합	49
궤도	83
그린피스	106
금융 정보	41
기생	93
기아	47
기후 변화	108
길고양이	30

ㄴ

나노 기술	80
나로호	83
난민	32
난민법	33
내성	97
노 키즈 존	34
누리호	82

ㄷ

다누리	85
달 탐사	84
당근	14
대피	115
독도의 날	36
돌연변이	97
동물 실험	39
동물권	38
드론	86
디지털 포렌식	88
딥 러닝	99

ㅁ

메타버스	90

면역력	95	분류	75
모욕	57	분해	113
무인	87	비건	64
문해력	71	비건 패션	65
미국 항공 우주국	85	비대면	53
미세 먼지	110	비정규직	19
미세 플라스틱	112	비정부 기구	107
		빅 데이터	42

ㅂ

바이러스	92		
바코드	79		

ㅅ

방류	119	사생활 침해	87
방사성 물질	119	사이버 따돌림	57
배려	35	사이버 범죄	44
배출	117	4차 산업	13
백신	94	선플	69
변이	53	세계 자연 기금	107
보이스 피싱	40	세균	93
보행자	67	센서	101
복원	89	소통	63
		숏폼	73

슈퍼 박테리아	96
스마트폰 중독	67
스몸비	66
스미싱	41
스팸 메일	45
습성	39
CCTV	43
식량 무기화	47
식량 위기	46
신상 털기	25
신재생 에너지	117
신종 플루	55
심심하다	71

ㅇ

아바타	91
악플	68
알고리즘	43
알파고	99
어휘력	70
SNS	24
엔데믹	55
열정 페이	19
열풍	61
영토	37
5차 산업	13
온실가스	109
울릉도	37
원자	81
유기	31
유네스코	49
유니세프	48
URL	79
유포	27
6차 산업	12
익명	69
인공 지능	98
인구 절벽	29
인맥	25
인플루언서	63

일본군 '위안부'	50

ㅈ

자율	101
자율 주행 자동차	100
재활용	113
저작권	103
저출산	29
주식	16
중성화 수술	31
증거	89
지진	114
지진 해일	115
GPS	15

ㅊ

차별	35
채권	17
챌린지	73
챗봇	103
챗GPT	102
천연두	95
초미세 먼지	111
최저 임금	18
출처	27

ㅋ

K-컬처	60
K-POP	61
코로나19	52
QR 코드	78

ㅌ

탄소 나노 튜브	81
탄소 중립	116
틱톡	72

ㅍ

팬데믹	54
펀드	17

평화의 소녀상	51
포켓몬 빵 띠부실	20
품절	21
플랫폼	15
피난	33

ㅎ

학교 폭력	56
학대	65
해수면	109
해시태그	74
해시태그 운동	75
해킹	45
황사	111
후쿠시마 오염수	118
희소성	21